Language Colour Key

ENGLISH

NDEBELE

SHONA

English: Words connect us. This book shares everyday language in English, Shona, and Ndebele—helping children and families learn, laugh, and grow together.

Ndebele: Amagama asixhumanisa. Le ncwadi yabelana ngamagama ansuku zonke ngesiNgisi, isiShona, lesiNdebele—isiza abantwana lemuli ukufunda, ukuhleka, lokukhula ndawonye.

Shona: Mazwi anotibatanidza. Bhuku iri rinopa mashoko ezuva nezuva muChirungu, ChiShona, neSiNdebele—kubatsira vana nemhuri kudzidza, kuseka, nekukura pamwe chete.

 NDEBELE/SHONA ISBN 978-1-965398-45-6

Compiled & Designed by Alf & Val Clary Muronda
Illustrations by Mehar Afroz
Published By MASAKA PUBLISHING MEDIA HOUSE

MASAKA PUBLISHING MEDIA HOUSE

TETIWE — MY WORDS IN ACTION

Table of Contents

SUBJECT	PAGE
MY NAME	1
MY BODY	4
MY FAMLY	11
MY COLOURS	17
MY FOOD	23
ANIMALS I KNOW	31
MAP OF SOUTHERN AFRICA	37

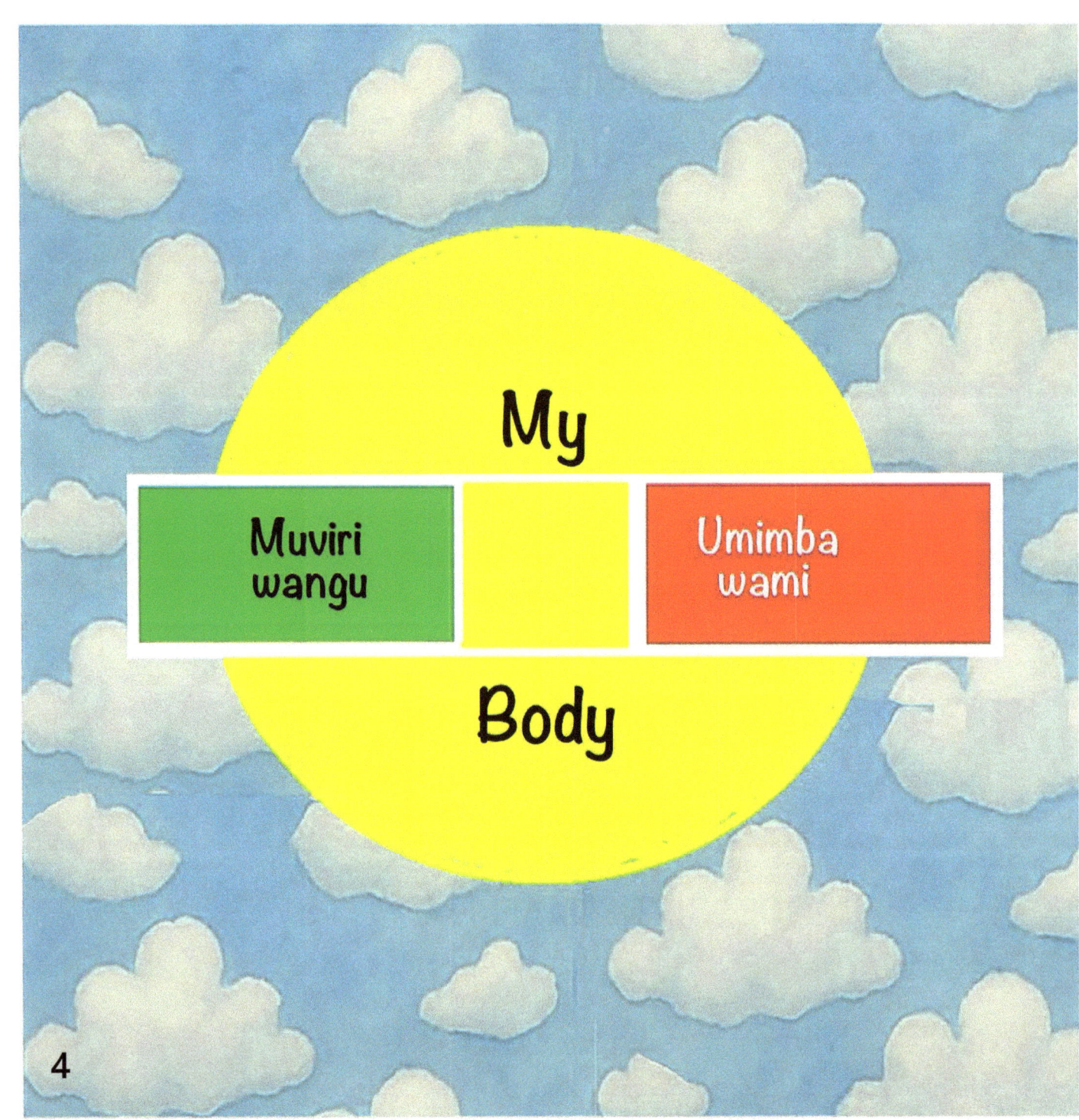

Parts of My Body

- My hair
- My eye
- My mouth
- My leg
- My ear
- My hand

English	Ndebele	Shona
My Hand	Isandla sami	Ruoko rwangu
My Eye	Ilihlo lami	Ziso rangu
Hair	Inwele	Bvudzi
Ear	Indlebe	Nzeve
Nose	Impumulo	Mhuno
Mouth	Umlomo	Muromo
Leg	Umlenze	Gumbo
Teeth	Amazinyo	Mazino
Neck	Intamo	Musoro

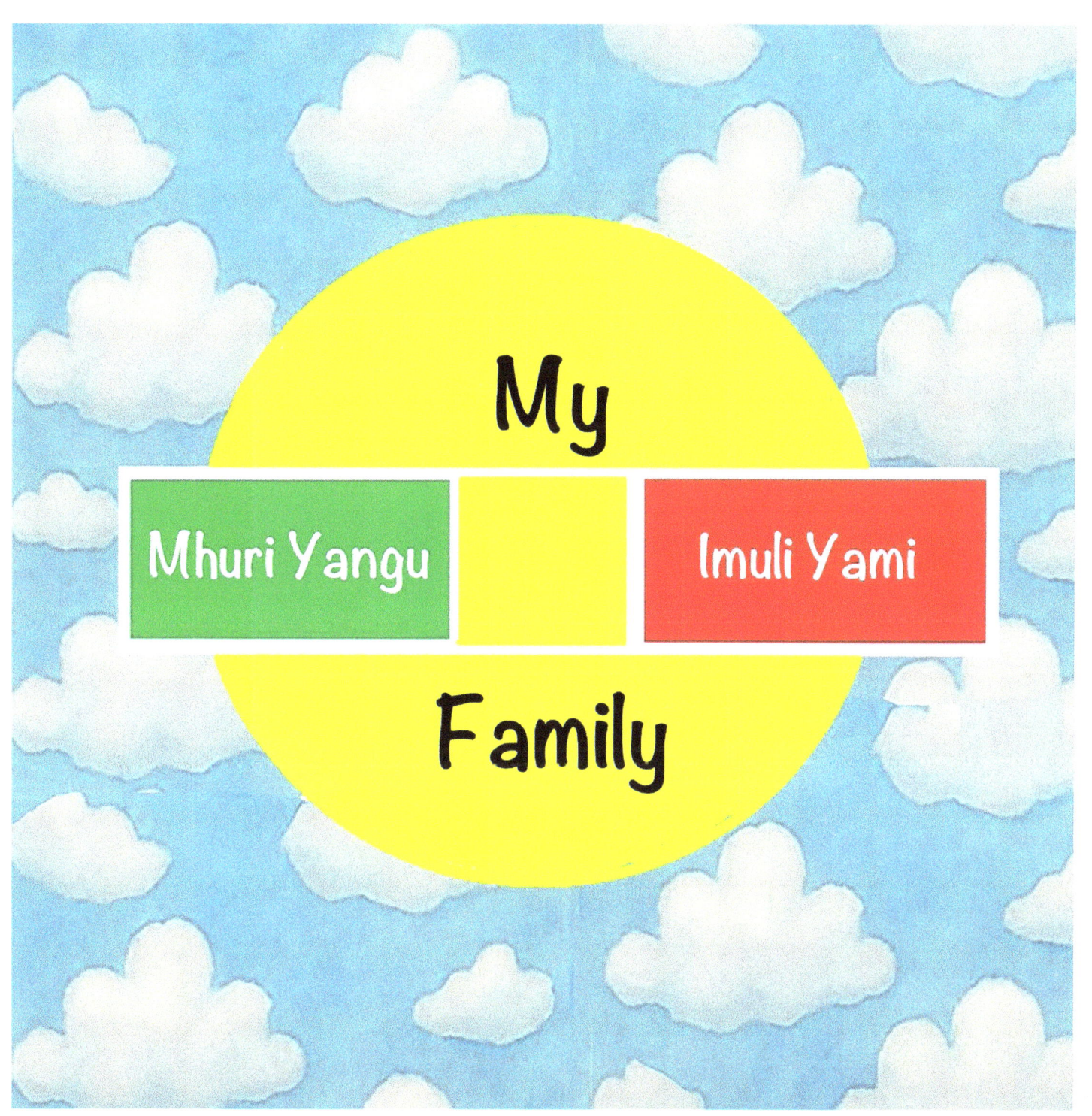

 Family

English	Ndebele	Shona
Father	Ubaba	Baba
Mother	Umama	Amai
My Brothers	Abazalwane bami	Hama dzangu
My Grandmother	Ugogo	Ambuya
My Grandfather	Umkhulu	Sekuru

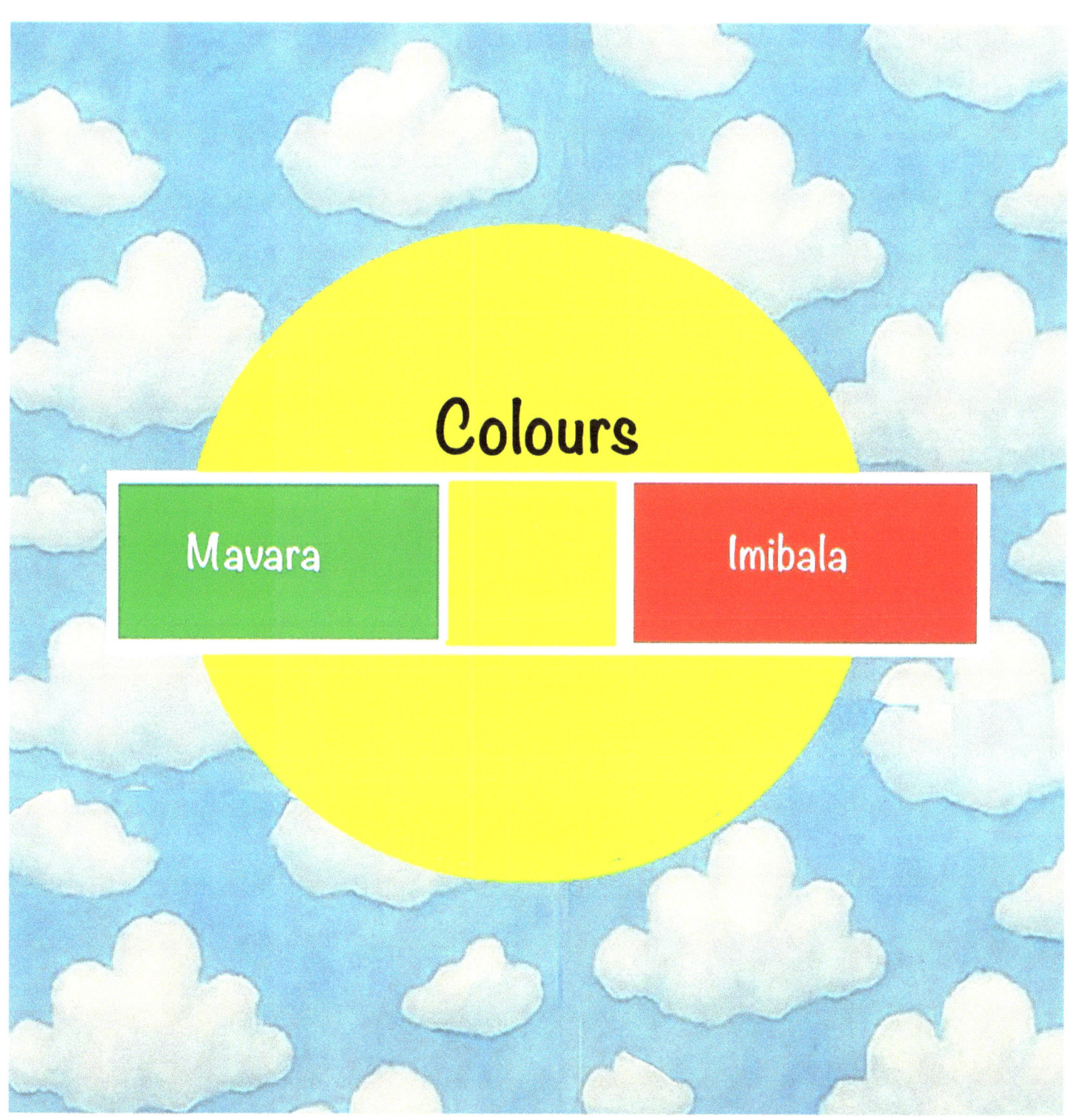

🎨 Colours

English	Ndebele	Shona
Colours	Imibala	Mavara
Green	Oluhlaza	Girini
Red	Obomvu	Tsvuku
Yellow	Ophuzi	Yero
Blue	Oluhlaza okwesibhakabhaka	Bhuruu
Orange	Onsomi	Orenji
Pink	Opinki	Pingi
Purple	Obubende	Pepuru
White	Mhlophe	Chena
Black	Mnyama	Dema
Brown	Nsundu	Bhurawuni

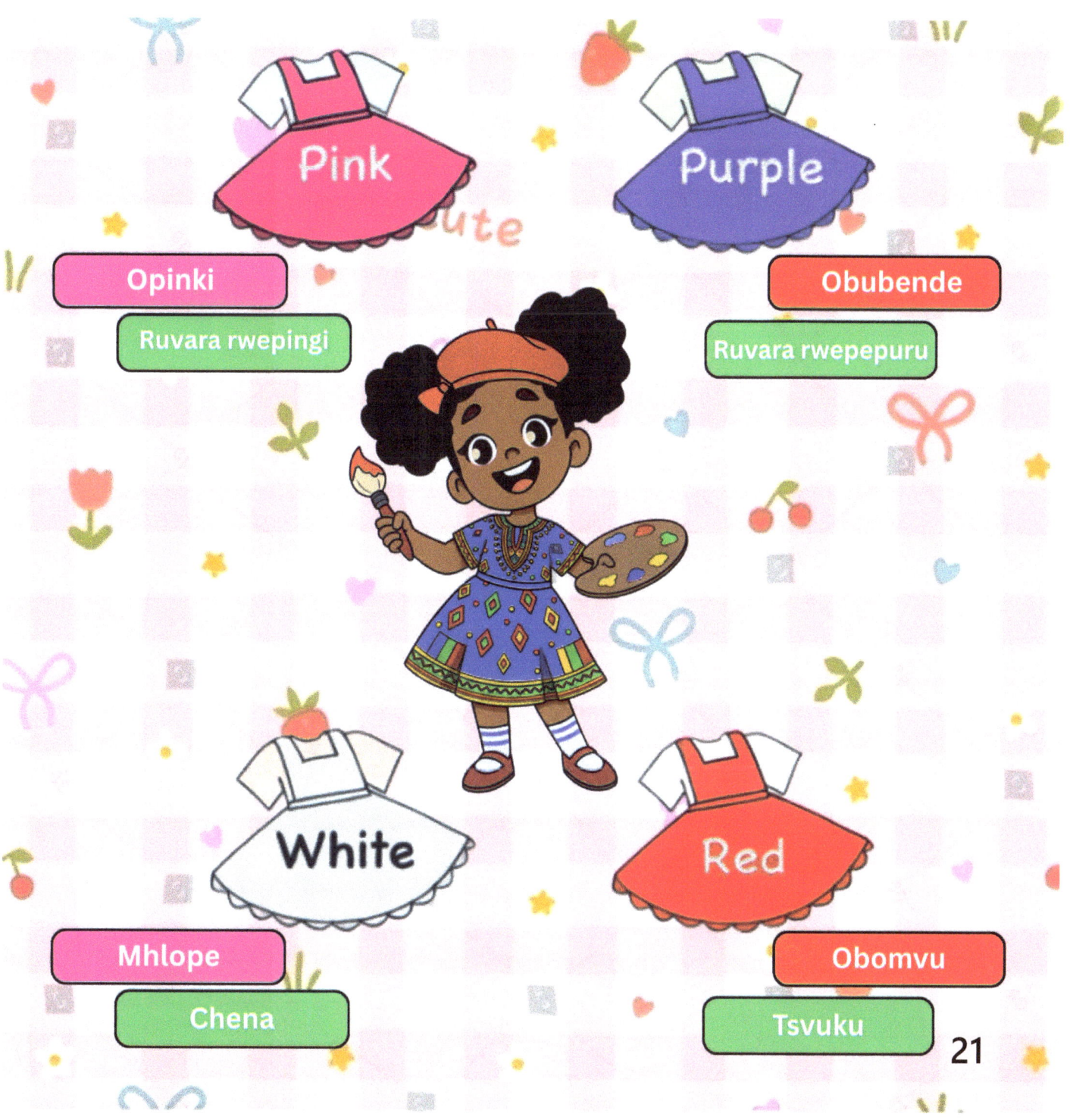

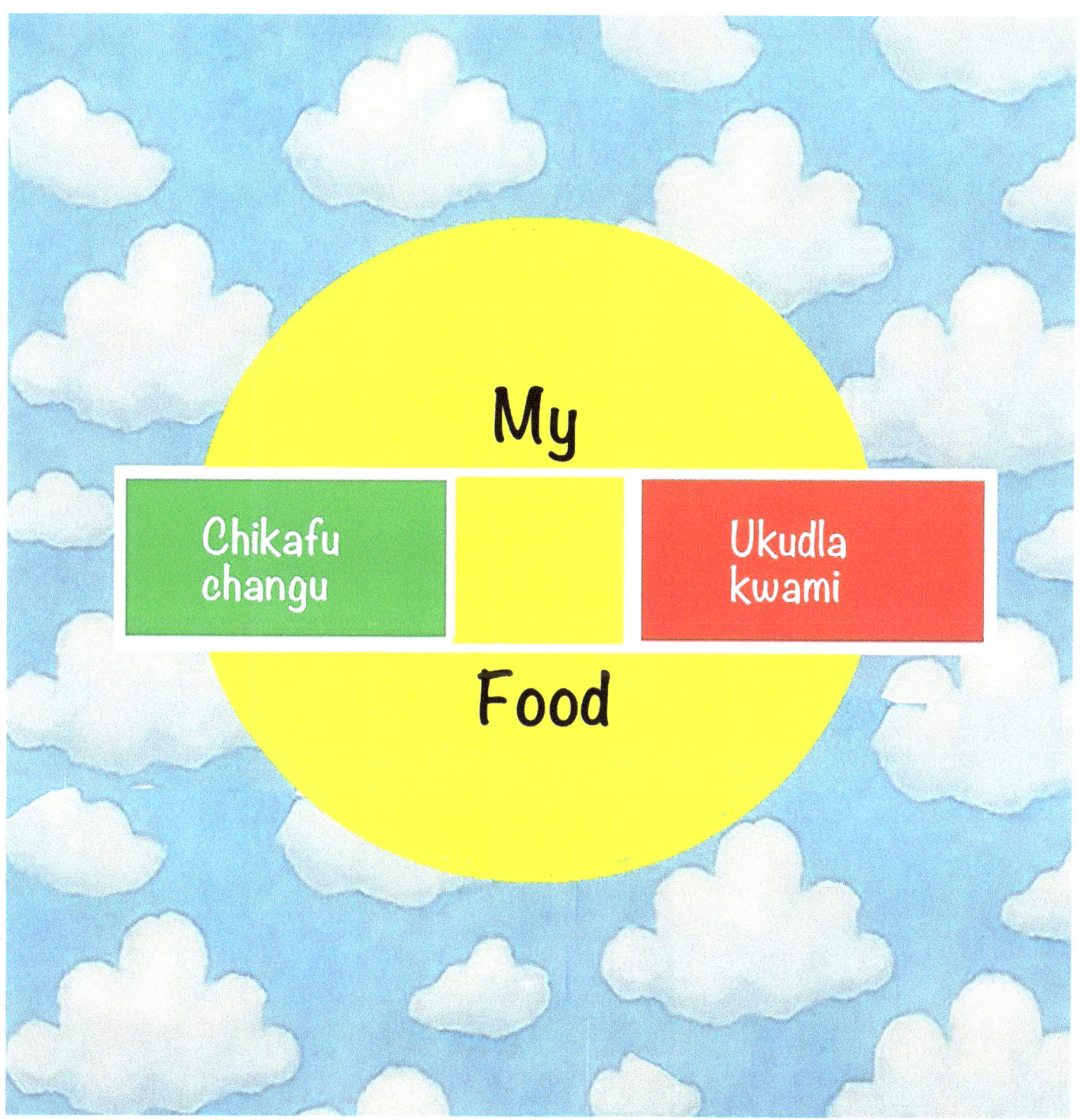

Food & Drink

English	Ndebele	Shona
Food	Ukudla	Chikafu
Water	Amanzi	Mvura
Milk	Ubisi	Mukaka
Juice	Ijusi	Jusi
Apple	I-apula	Muchero / Apuro
Avocado	I-avokhado	Avhocado
Peanut	Amazambane	Nzungu
Banana	Ibhanana	Bhanana
Ice Cream	I-ayisikhrimu	Ayisikurimu
Bread	Isinkwa	Chingwa
Cake	Ikhekhe	Keke
Chicken	Inkukhu	Huku
Beef	Inyama yenkomo	Nyama yehombe

🍽 Food & Drink

English	Ndebele	Shona
Fish	Inhlanzi	Hove
Maize	Umbona	Chibage
Porridge	Isitshwala	Bota
Rice	Ilayisi	Mupunga
Goat	Imbuzi	Mbudzi
Pig	Ingulube	Nguruve
Cow	Inkomo	Mombe

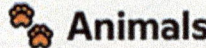 Animals

English	Ndebele	Shona
Dog	Inja	Imbwa
Cat	Ikati	Katsi
Donkey	Idonki	Bhasikoro
Lion	Ingonyama	Shumba
Elephant	Indlovu	Nzou
Zebra	Ibhubesi	Mbizi
Hare	Unogwaja	Tsuro
Horse	Ihhashi	Bhiza
Bird	Inyoni	Shiri
Duck	Idada	Bata
Goat	Imbuzi	Mbudzi

SHONA is spoken primarily in Zimbabwe, with some presence in Mozambique. NDEBELE is spoken primarily in southwestern Zimbabwe and northeastern South Africa.

www.ingramcontent.com/pod-product-compliance
Lightning Source LLC
Chambersburg PA
CBHW061356010526
44107CB00012B/950